まるわかり！ Paralympic パラリンピック

スピード勝負！ 夏の競技①
―車椅子バスケットボール・水泳 ほか―

監修 公益財団法人 日本障がい者スポーツ協会

スピード勝負！
夏の7競技

スピード・パワー・テクニック、すべてが圧巻！
車椅子バスケットボール

巧みなチェアワークで試合を制す！
車いすテニス

身体の機能を最大限に活かす！
水泳

目にもとまらぬ速さで風を切る！
自転車

高速でなめらかに水面を進む！
ローイング

一瞬の剣さばきが勝敗を決める！
車いすフェンシング

風をとらえて海上をわたる！
セーリング

はじめに

　みなさんは、「パラリンピック」を知っていますか。パラリンピックは4年に一度、オリンピックと同じ年に、オリンピックと同じ都市でおこなわれる障がい者スポーツの国際大会です。パラリンピックということばには、「もうひとつのオリンピック」という意味がこめられています。

　パラリンピックに出場するのは、障がいのあるトップアスリートたちです。目が見えにくい、自分の足で歩くことが難しい、手足を切断しているなど、障がいの種類や程度はひとりひとりちがいますが、用具やルールをくふうして公平に競い合います。

　第1回パラリンピックは、今から50年以上前の1960年に開催されました。当時は、車いすの選手に限定された大会でしたが、その後、そのほかの障がいの選手も出場が認められるようになり、競技も多様化していきました。また、競技全体のレベルも年々レベルアップしてきています。

　『まるわかり！パラリンピック』では、パラリンピックのあゆみや選手たちの活躍、各競技のルールや競技に使われる用具などについて、くわしくまとめてあります。また、選手・スタッフ11名のものがたりも掲載しています。
　「世界で活躍している日本人選手がこんなにたくさんいるんだ」
　「選手たちの持っている能力を活かした、こんな迫力ある競技があるんだ」
　このシリーズを読んではじめて知ることがたくさんあると思います。
　本を読み終えたら、ぜひ、実際の競技を見てみてください。選手たちが限界をこえる瞬間に立ち会ってみてください。障がい者スポーツの大会は全国各地でおこなわれています。また、インターネットに動画が公開されている競技もあります。そして、4年に一度、パラリンピックの開催年になったら、自分の目でパラリンピックを見てみてください。そこには、みなさんの期待以上に楽しくて感動的な世界が広がっているはずです。

公益財団法人　日本障がい者スポーツ協会

まるわかり！パラリンピック
スピード勝負！夏の競技①
―車椅子バスケットボール・水泳　ほか―

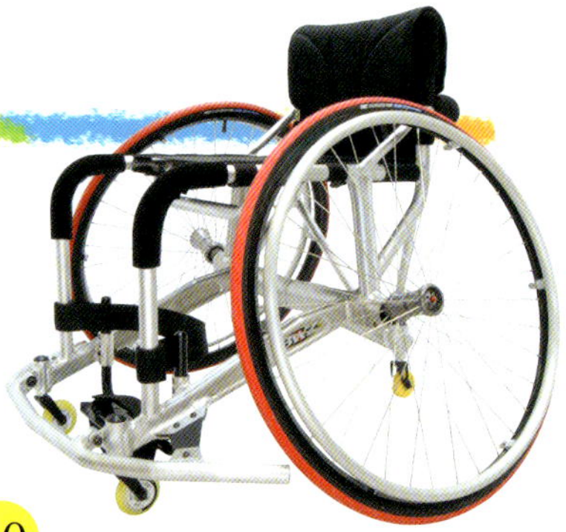

スピード勝負！　夏の7競技……… 2
はじめに ……… 6
車椅子バスケットボール ……… 10
車いすテニス ……… 14
水泳 ……… 18
自転車 ……… 22
ローイング ……… 26
車いすフェンシング ……… 30
セーリング ……… 34

パラリンピック選手ものがたり
車椅子バスケットボール
京谷和幸さん ……… 36

パラリンピック選手ものがたり
水泳
木村敬一選手 ……… 39

パラリンピックを支える人のものがたり

競技用車いすエンジニア
小澤 徹さん 結城智之さん ………… 42

もっと知りたい！

持ち点やクラス分けはだれが決めているの？ ………… 45

さくいん ………… 46

この本の使い方

　パラリンピック（Paralympic）は、4年に一度、オリンピックの終了後にオリンピックの開催都市でおこなわれる、「もうひとつの（Parallel）オリンピック（Olympic）」です。パラリンピックに出場できるのは、厳しい条件をクリアしたトップクラスの選手だけです。

　この本では、パラリンピックについて理解を深めるために、パラリンピックの歴史や競技、記録などについて、わかりやすく解説しています。

- 本文中で（○ページ参照）と書かれたことがらについては、その先のページでよりくわしく説明しています。
- この本で取り上げている情報は、2014年11月現在のものです。
- 調べたいことがらの掲載ページがわからなかったり、気になることがらがあったら、巻末のさくいんを引いてみましょう。さくいんは、50音順にならんでいます。
- 各競技名は、基本的に日本パラリンピック委員会の定める公式の表記にそろえています。
- 夏季パラリンピックの開催年、開催地については、右の表を参考にしてください。

●夏季パラリンピック

回数	年	開催地
第1回	1960年	ローマ（イタリア）
第2回	1964年	東京（日本）
第3回	1968年	テルアビブ（イスラエル）
第4回	1972年	ハイデルベルグ（旧西ドイツ）
第5回	1976年	トロント（カナダ）
第6回	1980年	アーネム（オランダ）
第7回	1984年	ニューヨーク（アメリカ） エイルズベリー（イギリス）
第8回	1988年	ソウル（大韓民国）
第9回	1992年	バルセロナ（スペイン）
第10回	1996年	アトランタ（アメリカ）
第11回	2000年	シドニー（オーストラリア）
第12回	2004年	アテネ（ギリシャ）
第13回	2008年	北京（中華人民共和国）
第14回	2012年	ロンドン（イギリス）
第15回	2016年	リオデジャネイロ（ブラジル）
第16回	2020年	東京（日本）

Wheelchair Basketball
車椅子バスケットボール

みどころ！ 1チーム5人の選手が、コートの中で車いすを自在にあやつり、ときには車いすどうしがぶつかりあいながら、得点を競います。パワフルで華麗なプレーが魅力的な競技です。

▲ゴール前でボールをうばい合う選手たち（ゴールの高さは通常のバスケットボールと同じ3.05メートル）。

障がい者スポーツの先駆けとなった車椅子バスケットボール

車椅子バスケットボールは、第二次世界大戦後の1940年代に、アメリカ・イギリスで誕生したスポーツです。アメリカでは、戦争によって負傷した軍人が中心となり車椅子バスケットボールが広まりました。同じころ、イギリスでも、リハビリテーションのひとつとして、車椅子バスケットボールが取り入れられるようになったといわれています。

日本には1960年に紹介されましたが、当時は「障がい者スポーツ」というものがまだあまり認識されておらず、競技人口も多くありませんでした。しかし、4年後の1964年に開催された東京パラリンピック（第2回夏季大会）をきっかけに広く知られるようになりました。

スピード感と迫力満点の激しいスポーツ

ドリブルをしながらの速攻や、ゴール下での激しい攻防などは、通常のバスケットボールにまさる迫力があります。相手にぶつかるプレーは基本的に反則になりますが、ポジション争いやボールのうばい合いで車いすどうしがぶつかってしまうことは日常茶飯事。勢いあまっておれてしまうこともめずらしくない、激しいスポーツです。

選手たちが車いすを巧みに操作するようすはもちろん、すばやく正確なパスやドリブル、シュートなどは見ごたえじゅうぶんです。

▼勢いあまってぶつかり合う車いす（写真上）。試合途中にメカニックのスタッフがタイヤの交換をすることもある（写真下）。

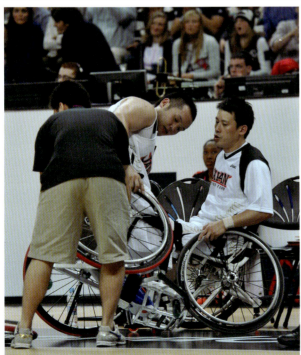

▲フリースローのようす。シュートが入れば得点（1点）が与えられる。

日本代表チームのパラリンピック出場

日本代表男子チームは、1976年にカナダでおこなわれたトロントパラリンピック（第5回夏季大会）以来、パラリンピックへの連続出場を果たしています。女子チームは1984年のニューヨーク・エイルズベリーパラリンピック（第7回夏季大会）から2008年の北京パラリンピック（第13回夏季大会）まで7大会連続でパラリンピックに出場しました。

現在、一般社団法人日本車椅子バスケットボール連盟には約75のチーム、700人弱のプレーヤーが登録されています。連盟では、次世代の選手の育成にも力を入れ、車椅子バスケットボールの発展に努めています。

車椅子バスケットボール
ルール & 用具編

● パラリンピックに参加できる障がい

肢体不自由			視覚障がい	知的障がい
車いす	立位（切断もふくむ）	脳性まひ		

基本のルール

さまざまな障がいの選手に出場の機会を与える「ポイント制度」

車椅子バスケットボールには、障がいの程度がことなる選手がチームを組んでたたかう「ポイント制度」が導入されています。ポイント制度とは、「障がいがもっとも軽い選手は4.5点」「障がいがもっとも重い選手は1.0点」というように、0.5点きざみにそれぞれの選手に「持ち点」を与え、試合中にコートの上にいる5人の選手の合計点が14点以下になるように定めたものです。

これにより、障がいが重い、軽いにかかわらず試合に出場する機会が与えられています。

●持ち点と障がいの程度●

	持ち点	
軽	4.5点	軽度の下肢（脚）障がいを持つ。体を左右両方に曲げることができる。
↑障がいの程度↓	4.0点	股関節の動きを利用して、体を片側に曲げることができる。
	3.0点	下肢にわずかに筋力があり、骨盤で体を支えることができる。
	2.0点	腹筋や背筋の機能がわずかに残り、上半身を前の方に傾けることができる。
重	1.0点	腹筋や背筋の機能がなく、車いすの背もたれから離れたプレーができない。

車椅子バスケットボールの用具

「バンパー」を備えたバスケットボール専用の車いす

車椅子バスケットボールの試合では、選手どうしが接近して車いすがぶつかり合うことがたびたびあります。そのため、車いすの前方には、「バンパー」という足を保護する装置が備えつけられています。

背もたれ 体がうしろにたおれないように上半身を支える。

シート シートには、体を支えるためのベルトが備えつけられている。

フレーム

フットレスト 足を乗せる。

キャスター 車いすを支え、安定させる。

バンパー 衝突したときなどに足を保護する。車いすが転倒したときに床を傷つけないよう、被膜する。

車輪 すばやい方向転換を可能にするため、ハの字形に取りつけられている。

競技場

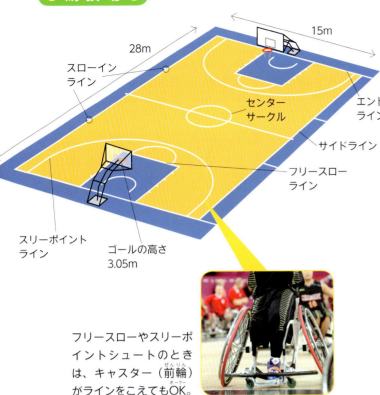

- 28m / 15m
- スローインライン
- センターサークル
- エンドライン
- サイドライン
- フリースローライン
- スリーポイントライン
- ゴールの高さ 3.05m

フリースローやスリーポイントシュートのときは、キャスター（前輪）がラインをこえてもOK。

試合の進め方

試合は、センターサークルで2人の選手が向かい合い、真上に投げたボールをうばい合う「タップ・オフ」ではじまります。第2、第3、第4ピリオドと延長時限は、スローインラインからボールを投げ、試合を再開します。

競技時間

ゲームは10分のピリオドを4回おこないます。第1ピリオドと第2ピリオドのあいだ、第3ピリオドと第4ピリオドのあいだに、それぞれ2分の「インターバル（休憩）」をおき、第2ピリオドと第3ピリオドのあいだには10分の「ハーフタイム（休憩）」をおきます。

試合開始
	時間	
前半	10分	第1ピリオド
	2分	インターバル
	10分	第2ピリオド
		ハーフタイム
後半	10分	第3ピリオド
	2分	インターバル
	10分	第4ピリオド

試合終了

得点の入り方

スリーポイントラインの外側からのシュートによるゴールは3点、内側からのシュートによるゴールは2点が与えられます。また、相手の反則などによって与えられるフリースローによるゴールには1点が与えられます。

おもな反則

ボールを持ったまま車いすの車輪を3回以上まわすと「トラベリング」になります。

そのほかにも、一般のバスケットボールと同じように「プッシング（相手をおすこと）」や「ホールディング（手や腕で相手をおさえこむこと）」、「イリーガル・ユース・オブ・ハンズ（手で相手をたたいたりつかんだりすること）」などの反則もあります。

トラベリング

一般のバスケットボールでボールを持ったまま3歩以上歩くとトラベリングになるように、車いすを3回以上まわすと反則となる。トラベリングと判定された場合は、相手ボールのスローインとなる。

Wheelchair Tennis
車いすテニス

みどころ! 「車いすを使う」という特徴以外は、一般のテニスとのちがいはほぼありません。テニスならではのスピード感、力強いショット、相手をほんろうさせるテクニックなど、見どころがたくさんあります。

▲プロテニスプレーヤーとしても活躍している国枝慎吾選手（ロンドンパラリンピック）。

1970年代に本格的な競技となる

障がいのある人たちが車いすに乗りながらテニスを楽しむレジャーは昔からありましたが、競技として車いすテニスが本格的におこなわれるようになったのは、1970年代のことです。1976年、当時18歳で下半身不随の障がいのあった少年が、仲間とともに車いすを改良したりルールを決めたりしたことが、車いすテニスのはじまりといわれています。

日本には1980年代に紹介されました。

車いすテニスがパラリンピックの正式競技となったのは、1992年にスペインで開催されたバルセロナパラリンピック（第9回夏季大会）からです。現在は、パラリンピックのほか、プロテニスの4大大会「全豪オープン（オーストラリア）」「全仏オープン（フランス）」「ウィンブルドン（イギリス）」「全米オープン（アメリカ）」にも車いすテニス部門が設けられています。

車いすをコントロールしながらボールを打ち返す

車いすテニスの用具やルールは、一般のテニスとほとんど変わりありません。選手はさまざまな技術を使って相手のコートに正確にボールを打ち返し、おたがいに得点を競います。テニスの技術も大切ですが、それと同時に左右にすばやく、幅広く動きまわるために車いすをコントロールする技術（チェアワーク）も必要です。実際の試合では、車いすに乗っているとは思えないほどのすばやい動きで、熱戦がくり広げられます。

▲高校生でパラリンピックに初出場した上地結衣選手（ロンドンパラリンピック）。

▲腕に重度の障がいのある選手は、テーピングで手にラケットを固定することが認められる（写真左）。

車いすテニスの強豪・日本

日本は、車いすテニスの強豪国のひとつで、パラリンピックでは毎回多くの入賞者を出しています。

なかでも男子の国枝慎吾選手は、2004年のアテネパラリンピック（第12回夏季大会）以降、北京パラリンピック（第13回夏季大会）、ロンドンパラリンピック（第14回夏季大会）と3大会連続でパラリンピックに出場しています。3つの金メダルを獲得している名プレーヤーとして、世界に広くその名が知られています。

また、女子の上地結衣選手は、高校3年生で出場したロンドンパラリンピックでベスト8入賞、2014年にはプロテニスの4大大会でダブルス全勝を成しとげ、今後の活躍が期待されています。

車いすテニス
ルール&用具編

●パラリンピックに参加できる障がい

肢体不自由：車いす／立位／脳性まひ（切断もふくむ）　視覚障がい　知的障がい

基本のルール

ルールは一般のテニスとほぼ同じ

車いすテニスは、コートの大きさやネットの高さ、ゲームの進め方など、ルールは一般のテニスとほぼ変わりありません。

ただし、一般のテニスはノーバウンドまたは1バウンドで返球しないといけないのに対して、車いすテニスでは2バウンドまでの返球が認められています。選手は地面にボールが3バウンドする前に返球しなければなりません。1バウンドめはコートの決められたエリアから返球しなければなりませんが、2バウンドめはコートの外側から返球してもかまいません。

勝敗の決め方

パラリンピックは3セットマッチでおこなわれ、先に2セットとったほうが勝者となります。

サーブのしかた

サーブのとき、車いすの車輪は、センターマークの仮想延長線とサイドラインの仮想延長線の内側の区域（イラストのピンクの部分）になければなりません。

手や腕に障がいがあり、一般の方法でサーブをおこなえない場合は、ほかの人がワンバウンドさせたボールを打ってサーブすることが認められています。

返球のルール

●一般のテニス

ノーバウンドまたは1バウンドで返球しなければならない

●車いすテニス

2バウンドまでの返球が認められている。2バウンドめはコートの外側から返球してもよい

競技場

10.97m／8.23m／23.77m

センターマーク／ネット／シングルスのサイドライン／ダブルスのサイドライン／センターサービスライン／ベースライン／サイドライン（ダブルスの場合）の仮想延長線／センターマークの仮想延長線

アテネパラリンピックから加わった「クアード」

2004年のアテネパラリンピック（第12回夏季大会）から、「クアード」という種目が加わりました。クアードとは、四肢（両手と両足）まひを意味する英単語「quadriplegia」の略で、重度の障がいのある選手が出場します。障がいの影響で握力が弱い選手は、テーピングで手にラケットを固定したり、電動車いすを使用したりすることが認められています。現在、パラリンピックの車いすテニスには、次の6種目があります。

▲テーピング。

車いすテニスの種目

| 男子シングルス | 男子ダブルス | 女子シングルス | 女子ダブルス | クアードシングルス | クアードダブルス |

車いすテニスの用具

急発進やすばやいターンに対応できるテニス専用の車いす

コートの左右に返球されるボールに確実に追いつき、しっかりと打ち返すためには、車いすの回転性能がよくなければなりません。そのため、バスケットボール用の車いすと同じように、車輪が八の字形に備えつけられているうえ、座ったときに重心がふつうの車いすよりも前にくるように設計されています。素材もアルミニウムなどを使ってできるだけ軽くつくられていて、激しく動いても転んだりしないように、前方にはキャスターと呼ばれる小さな車輪がつき、後方には転倒防止用のキャスターがついています。

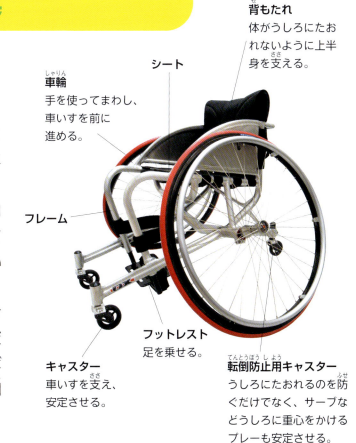

背もたれ 体がうしろにたおれないように上半身を支える。

シート

車輪 手を使ってまわし、車いすを前に進める。

フレーム

フットレスト 足を乗せる。

キャスター 車いすを支え、安定させる。

転倒防止用キャスター うしろにたおれるのを防ぐだけでなく、サーブなどうしろに重心をかけるプレーも安定させる。

Swimming
水泳

みどころ！ パラリンピックの水泳には、車いす、脳性まひ、視覚障がいなど、さまざまな障がいの選手が出場します。選手たちは、パラリンピックの理念でもある「残された機能を最大限に活かして」競技しています。

▲切断の選手による、背泳ぎのレースのようす（ロンドンパラリンピック）。

第1回パラリンピックからおこなわれている競技

水泳は、第1回パラリンピック（ローマパラリンピック）からおこなわれている競技です。初期のころは、車いすの選手だけでおこなわれていましたが、その後、切断の選手、視覚障がいの選手、脳性まひの選手、知的障がいの選手も出場が認められるようになりました。

選手たちの障がいの種類・程度はさまざまです。そのためパラリンピックでは、障がいの種類・程度にかかわらず公平に競うことができるよう、クラス分け（20ページ参照）が実施されています。

オリンピックとおなじ5種目で競う

パラリンピックの水泳は、オリンピックと同じように「自由形（クロール）」「平泳ぎ」「背泳ぎ」「バタフライ」「個人メドレー（バタフライ、背泳ぎ、平泳ぎ、自由形の順で泳ぐ競技）」の5種目で競います。

水泳の場合、パラリンピックに出場するためには国際パラリンピック委員会（IPC）の定める「標準記録」を突破することが最低条件となります。トップクラスの選手が競い合う場なので、オリンピックと同じくらいの記録がたたき出される場合もあります。2012年に行われたロンドンオリンピックの男子100メートル自由形の金メダリストの記録は47.52秒、ロンドンパラリンピック（第14回夏季大会）の男子100メートル自由形の金メダリストの記録は51.07秒（障がいの程度が比較的軽いS10クラスの場合）と、その差は3.5秒ほどしかありませんでした。

▼障がいの種類や程度によっては、スタッフの補助を得てスタートすることが認められている。

▲ロンドンパラリンピックにて、100メートルバタフライのレースにいどむ木村敬一選手（写真上）。

多くのメダリストを輩出している日本代表チーム

水泳の日本代表チームでは、1980年のアーネムパラリンピック（第6回夏季大会）から2012年のロンドンパラリンピックまで、9大会連続でメダリストが生まれています。ロンドンパラリンピックでは、日本のメダル総数16個のうち、半分にあたる8個を水泳チームが獲得しました。

水泳 ルール&用具編

● パラリンピックに参加できる障がい

肢体不自由: 車いす 、立位 、脳性まひ
視覚障がい
知的障がい

基本のルール

公平さを保つ細かいクラス分け

さまざまな障がいの選手が出場する水泳では、障がいの種類・程度によって細かくクラス分けされ、競技はクラスごとにおこなわれます。

まず、平泳ぎは「SB」、自由形や背泳ぎ、バタフライは「S」、個人メドレーは「SM」というクラスに分類されます。そして、障がいの種類や程度によってさらに細かく1～14のクラスに分けられます。例えば、全盲の平泳ぎの選手は「SB11」というクラスに分類されます。

水泳のクラス分け

クラス	種目
SB	平泳ぎ
S	自由形
S	背泳ぎ
S	バタフライ
SM	個人メドレー

クラス	障がいの種類・程度
1	身体の機能に関する障がい（重い←→軽い）障がいの程度
2	
3	
4	
5	
6	
7	
8	
9	
10	
11	視覚障がい（重い）
12	
13	視覚障がい（軽い）
14	知的障がい

「種目」をあらわすローマ字と「障がいの種類・程度」をあらわす数字を組み合わせて、クラスを分類しているよ。

競技場

オリンピックと同じプールを使用しています。

スタートのしかた

健常者の水泳と同じように、自由形、平泳ぎ、バタフライは飛びこみによってスタートします。また、背泳ぎでは「スターティンググリップ」を両手で持って、スタートに備えます。通常の方法でスタートすることが難しい選手にかぎり、水中からのスタートやそのほかの例外が認められています。

スターティンググリップを持てないため、スタッフが補助している。飛びこみが困難な選手は、水中からのスタートも認められている。

スターティンググリップ / スタート台

水泳の用具

視覚障がいの選手に用いられる「タッピングバー」

視覚障がいの選手が競技する場合、ターンする地点やゴール地点がわからず、プールの壁にぶつかってケガをしたり、恐怖心から泳ぐスピードがおそくなってしまったりする可能性があります。そのようなことがないように、視覚障がいの選手が参加するクラスでは壁を知らせるための合図が義務づけられています。これを「タッピング」といい、タッピングをおこなう人を「タッパー」といいます。

タッピングでは、つりざおの先にやわらかいウレタンなどをつけた「タッピングバー」という用具が使われます。タッピングバーをプールサイドから水の上に差し出し、泳いでいる選手の頭や体の一部などを軽くたたいて、壁が近いことを知らせるのです。

全力で泳いでいる選手に適度なタイミングでタッピングするのは、かんたんなことではありません。失敗するとケガをしたり、大きくタイムを落とすことにもつながりかねません。タッパーと選手は、何度も打ち合わせをしながら練習をくり返し、息の合ったコンビネーションで信頼関係を築きあげるのです。

▲タッピングのようす。タッパーはあくまでも補助スタッフなので、声を出すことはできない。競技中に声を出すと、選手が失格になる。

タッピングの距離

タッピングの距離は、種目によってことなります。背泳ぎのターンは、体を反転させる動作があるため、自由形のターンよりも遠い距離でタッピングする傾向にあります。平泳ぎとバタフライは、頭が水面から出るタイミングでしか合図できないため、壁からの距離はその時々で変化します。

タッピングバーは、持ち運びしやすいように、柄の長さを調整できるようになっているよ。

タッピングバーの長さは、選手のレベルや種目によってことなり、100〜240センチメートルぐらいのものを使い分けるよ

Cycling
自転車

みどころ！ パラリンピックの自転車競技は、四肢に障がいのある選手、視覚障がいの選手、脳性まひの選手が出場します。選手の特徴に合わせた、さまざまなかたちの自転車に注目してみましょう。

▲視覚障がいの選手の場合は、2人乗りの自転車に乗って競技する。2人の呼吸をうまく合わせられるかどうかが勝負を左右する。

時速60キロメートルでコースをかけぬける！

　自転車がパラリンピックの正式競技となったのは、1984年におこなわれたニューヨーク・エイルズベリーパラリンピック（第7回夏季大会）のときです。はじめは、屋外を走る「ロード」という種目のみでしたが、1996年のアトランタパラリンピック（第10回夏季大会）から屋内でおこなわれる「トラック（バンク）」という種目が新設されました。

　選手は時速60キロメートルものスピードで競技場を走ります。このスピードは、私たちがふだん乗っている自転車の約3倍。目にもとまらぬ速さで観客の目の前を走りぬけるようすは迫力満点です。

かけ引きが勝負の行方を左右する

　自転車競技では、前を走っている自転車のうしろにつき、前の自転車を風よけとして利用すると、より少ない体力で走ることができます。そのため集団で走る種目では、途中までは先頭に立たずに2番手、3番手について体力を温存し、ラストスパートに勝負をかけるというたたかい方がよく見られます。また、ときには選手どうしが協力し合いながら順番に先頭をつとめることもあります。このようなかけ引きが、ほかの競技では見られない自転車競技のおもしろさのひとつです。

　さらに、ロードでは、天候や道路の状況も勝負の行方を大きく左右します。選手は「上り坂が得意」「平らな道が得意」といった自分の長所を生かし、さらに、ほかの選手の走り方や風向き、天気の変化などを観察しながらレースを組み立てていくのです。速く走る技術だけでなく、レースを自分の思い通りに運ぶ力量が試される、とても難しい競技といえるでしょう。

▼パラリンピックの自転車競技では、手を使ってこぐ自転車も使われる。

▲レースは屋外（写真上・中央）と屋内（写真下）の両方でおこなわれる。

自転車

ルール＆用具編

●パラリンピックに参加できる障がい

肢体不自由			視覚障がい	知的障がい
車いす	立位	脳性まひ		

基本のルール

屋内と屋外の種目がある

パラリンピックの自転車競技には、大きく分けて2種類あります。ひとつは、屋内の競技場でおこなう「トラック（バンク）」という種目です。トラックは、傾斜のある周回走路を走ります。いっぽう、屋外の一般道を使用する種目を「ロード」といいます。トラックとロードは、それぞれ細かく種目がわかれています。

自転車の種目

	種目	内容
トラック（屋内）	個人追いぬき	2名の選手がそれぞれ決められた位置について同時にスタートし、相手を追いぬくか、先に距離を走りきったほうが勝ちとなる。
	スプリント	同時にスタートし、先にゴールした選手が勝ちとなる。
	タイムトライアル	1名ずつ走ってタイムを競う。
ロード（屋外）	タイムトライアル	1名ずつ走ってタイムを競う。
	ロードレース	屋外で選手がいっせいにスタートし、先にゴールした選手が勝ちとなる。

競技場

トラック（屋内）

選手たちはハイスピードでコースをかけぬけるため、コースの曲線部分は傾斜したつくりとなっている。

ロード（屋外）

交通を制限した一般の道路や、屋外に専用に設けられたコースを使用する。選手たちはギアを調整しながらコースを走りぬける。

自転車の用具

クラスによって、さまざまなかたちの自転車が使われる

「自転車」と聞くと、脚を使って前に進む2輪の乗り物を思い浮かべる人が多いと思います。しかし、障がいの種類や程度によっては、一般の自転車に乗ることが難しい選手もいます。そういった選手は、ほかの機能を使ってこげる自転車を用いて競技に参加します。

手足を切断している選手や比較的軽度の脳性まひの選手が参加するCクラスでは、一般的な競技用自転車を改造した自転車を使います。また、視覚障がいのBクラスの選手は「タンデムバイク」という2人乗りの自転車を、足でこぐことができないHクラスの選手は、手を使ってこぐ「ハンドバイク」という専用の自転車を使って競技をおこないます。さらに、脳性まひのために平こう感覚に障がいがあり、2輪の自転車に乗ることができないTクラスの選手は、3輪自転車を使います。

自転車のクラス分け

クラス	障がいの程度	
C1	重	おもに切断、軽度の脳性まひ（四肢に運動機能が残っている）
C2		
C3		
C4		
C5	軽	
B		視覚障がい
H1	重	下肢の運動機能に障がいがある
H2		
H3		
H4		
H5	軽	
T1	重	脳性まひで平こう感覚がつかめない
T2	軽	

一般的な競技用自転車（Cクラス）

タンデムバイク（Bクラス）

▲前に「パイロット」と呼ばれる健常者が乗り、うしろに「ストーカー」と呼ばれる視覚障がいの選手が乗る。

ハンドバイク（Hクラス）

▲H1～H4クラスのハンドバイクは、仰向けに乗るタイプ（写真左）が使われる。H5クラスでは、ひざをつき前かがみになって乗るタイプ（写真右）が使われる。

3輪自転車（Tクラス）

▲2輪の自転車よりも安定しているので、バランスを保つことが難しい選手も安心して乗ることができる。

Rowing
ローイング

みどころ！ ボートに乗った選手が、水面を流れるように進みます。ときには時速20キロメートルにもなる速さで波の上を静かに進むようすは、見ごたえじゅうぶんです。

▲スタート時はスタッフが船をおさえ、スタートの合図と同時に手を離す。

北京パラリンピックで正式競技に

　ローイングは、1人、または複数の選手でボートをこぐ競技です。2008年の北京パラリンピック（第13回夏季大会）のときに、正式競技となりました。

　競技は、浮き（ブイ）で仕切られた長さ1000メートルの6つの直線コースでおこなわれます。各ボートは、スタートの合図に合わせて同時にこぎはじめ、ボートの先端がゴールを通過した順に順位がつけられます。

日本人選手のメダル獲得を目指して活動

パラリンピックの競技としては、まだ歴史の浅いローイングですが、日本は、北京パラリンピック、ロンドンパラリンピック（第14回夏季大会）と、2大会続けてパラリンピックに代表選手を送りこんでいます。

現在、日本パラローイング協会では、全国のボート協会の中にパラローイング（障がいのある人のためのローイング）の担当者を配置するなどして、競技の普及、選手の育成・強化に努めています。パラリンピックだけでなく、世界選手権やワールドカップでのメダル獲得を目指して活動しています。

▲2人乗りの「ダブルスカル」のレースのようす。

▲ロンドンパラリンピックにて、「シングルスカル（1人乗り）」のレースにいどむ大竹麻里選手。

ローイング

ルール & 用具編

● パラリンピックに参加できる障がい

肢体不自由
- 車いす
- 立位
- 脳性まひ

視覚障がい

知的障がい

基本のルール

障がいの程度によって種目が決定される

ボートは、腕でオールを引いて動かしますが、オールをこぐには、腕だけでなく足や胴体の筋力も必要とされます。そのため、パラリンピックでは、選手の持つ身体機能によって、出場できる種目が決定されるしくみとなっています。

選手はまず、障がいの種類・程度によって「ASクラス」「TAクラス」「LTAクラス」のいずれかにクラス分けされ、各クラスごとに「シングルスカル」「ダブルスカル」「コックスフォア」の種目が割りふられます。

●ローイングのクラス分けと種目●

AS	腕と肩のみでこぎ、歩行ができない。車いすの選手が対象となる。
TA	胴体と腕を使ってこぐことができる。切断、脳性まひ、視覚障がいなどの選手が対象となる。
LTA	片足と胴体、腕を使ってこぐことができる。切断、脳性まひ、視覚障がいなどの選手が対象となる。

当てはまるクラスによって種目が決まるよ

クラス	AS		TA	LTA
出場できる種目	シングルスカル		ダブルスカル	コックスフォア
性別	男子	女子	男女混合	男女混合
	1人乗り	1人乗り	2人乗り	4人のこぎ手と1人のコックス（かじとり）で1チーム

コックスフォアで選手を支えるコックス（かじとり）

　コックスフォアでは、選手全員で協力しあって、こぐスピードやタイミングを合わせることが重要です。そのため、コックスが号令を出し、こぎ手がオールをこぐタイミングを合わせ、リズムを調整します。また、ボートはこぎ手の左右の腕の力の差や風などによって、まっすぐ進みにくいときもあります。そんなとき、コックスはかじを切って船体をコントロールし、まっすぐにします。

　さらに、レースが終わったあと、ボートを安全に停止させるための指示を出すほか、競技前にボートを水に浮かべたり、競技後にボートを陸にあげたりするとき、作業の責任者となるのもコックスの役割です。

号令の例

● スタート時

ノーワーク、用意、ローッ！

全員がこぎはじめの体勢をとる。

● こぐのをやめるとき

イージーオール！

全員がオールを水面から上げる。

● 緊急停止するとき

ストップ！

全員がオールを立てて水中に入れる。

ローイングの用具

種目によってつくりがことなるボート

　シングルスカル（1人乗り）用、ダブルスカル（2人乗り）用、コックスフォア（5人乗り）用で、シート部分のつくりがことなります。

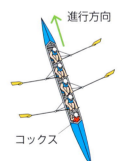

シート
進行方向に向かってうしろ向きに設置されている。ダブルスカルとコックスフォア用のボートは、シートがたてにならんでいる。コックスフォアの場合は、コックスのみ進行方向に向かってすわり、こぎ手に指示を出す。

進行方向

コックス

オール
ボートを動かすための道具。コックスフォアの場合は、こぎ手の4名がオールを持ち、コックスはオールを持たない。

リガー
オールを支える金属製の支柱。

29

Wheelchair Fencing
車いすフェンシング

みどころ！ 車いすに乗った選手が、相手を剣でついてポイントを競う競技です。神経をとぎすませ、一瞬のすきをついて相手を攻撃するようすに、フェンシングならではの気迫を感じることができます。

▲おたがいの車いすが110°の角度に固定された状態でたたかう。

ヨーロッパで人気の高い障がい者スポーツ

フェンシングは、中世ヨーロッパの騎士たちの剣を使ったたたかいをもとに誕生したスポーツで、19世紀の末にヨーロッパ各地でさかんにおこなわれるようになりました。健常者のフェンシングが立っておこなわれるのに対して、車いすフェンシングは「ピスト」という装置（32ページ参照）に車いすを固定し、上半身だけでたたかいます。車いすフェンシングはヨーロッパで特にさかんな障がい者スポーツで、1960年にイタリアでおこなわれた第1回パラリンピック（ローマパラリンピック）から正式競技として採用されています。

一瞬の剣さばきが勝負を左右する

健常者のフェンシングと同じように、じょうぶなユニフォームとマスクを身につけ、金属製の剣を使ってたたかいます。座った体勢でおこなうため、健常者のフェンシングのように足を使ったフットワークを使うことができず、剣のコントロールとスピードが勝負を分ける大きなポイントになります。おたがいに相手のすきをついて、目にも止まらぬ速さで攻撃するスピード感は、健常者のフェンシングに負けない迫力です。激しい動きのため、選手は数分であせびっしょりになるそうです。

日本人選手のパラリンピック出場

日本では、ヨーロッパほど競技人口は多くありませんが、1998年に日本車いすフェンシング協会が設立され、少しずつ選手が増えるとともに実力も向上しつつあります。近年では、2000年のシドニーパラリンピック（第11回夏季大会）で日本人選手が24年ぶりに出場して以来、北京パラリンピック（第13回夏季大会）まで、3大会連続でパラリンピックへの出場を果たしました。

▲剣先にはセンサーが内蔵されていて、攻撃の動作が記録されるしくみとなっている。

▶騎士のたたかいをルーツに持つだけあって、フェアプレーの精神で競技するが、重いピストが上下に動くほど激しいスポーツ。

車いすフェンシング ルール&用具編

●パラリンピックに参加できる障がい

肢体不自由			視覚障がい	知的障がい
車いす	立位	脳性まひ		

基本のルール

「ピスト」に車いすを固定し、対戦距離を調整する

車いすフェンシングのルールは、基本的に健常者のフェンシングと同じですが、「ピスト（試合コート）」の上に車いすを固定する、という特色があります。

ピストに車いすを固定したら、次に対戦距離を測定します。対戦距離は、選手の腕の長さによって決められ、ピストに備えられている装置で使って調節します。

●車いすの固定のしかた●

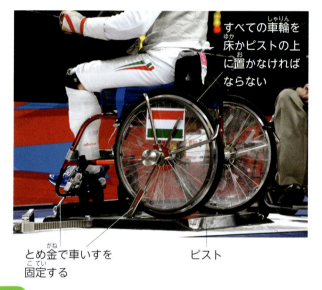

すべての車輪を床かピストの上に置かなければならない

とめ金で車いすを固定する　　ピスト

●試合の進め方●

車いすの設置が終わると、主審の「ラッサンブレ・サリュー（気をつけ・礼）」というフランス語のかけ声で、選手はおたがいにあいさつをします。次に「アルガルド（構え）」というかけ声で構え、「アレ（はじめ）」で試合を開始します。

●勝敗の決め方●

個人戦の場合、3分間の勝負を3セットおこない、先に15ポイントとったほうが勝ちとなります。団体戦の場合、3人対3人で3分間5ポイント先取の勝負を9試合おこない、45ポイントを先にとるか時間終了時点でリードしていたチームの勝ちとなります。

●競技場●

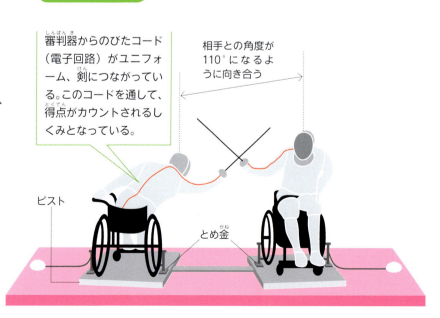

審判器からのびたコード（電子回路）がユニフォーム、剣につながっている。このコードを通して、得点がカウントされるしくみとなっている。

相手との角度が110°になるように向き合う

ピスト　　とめ金

健常者と同じ3種目でおこなわれる

車いすフェンシングには、健常者のフェンシングと同じように、剣の種類や攻撃できる場所のちがいによって「フルーレ」「エペ」「サーブル」という3つの種目があり、それぞれに1人でたたかう個人戦と3人でたたかう団体戦があります。

また、フルーレとサーブルには「攻撃権」という独特のルールがあります。これは、最初に攻撃をしかけた選手が攻撃権を得るというルールで、相手の選手は防御をすることしか許されません。ただし、自分の剣で相手の剣をはらいのけると、その瞬間に攻撃権が入れかわり、相手を攻撃することができるようになります。

車いすフェンシングの種目

種目	フルーレ	エペ	サーブル
有効面	やわらかくて断面が四角い剣を使い、メタルジャケットの胸、腹、背中部分への突きだけが得点となる。	長くて断面がY字形のまっすぐな剣を使い、上半身への突きだけが得点となる。下半身は突いてもカウントされないように、スカートをつける。	手の先をのぞく上半身への突きと切り（切る動作）が得点となる。そのため、剣は平たく、刀のようなかたちになっている。

車いすフェンシングの用具

種目によって剣のかたちがことなる

ユニフォーム、メタルジャケット、マスク、剣などの用具は、すべて健常者と同じものを使用します。

剣のかたちは種目ごとにことなり、それぞれ長さや重さが定められています。フルーレとエペの剣先にはバネ、サーブルの剣先には小さなセンサーが内蔵されていて、相手を突いたり切ったりしたときに記録されるしくみとなっています。

●フルーレ
剣の長さは最大110cmで、重さは500gをこえてはいけない。

●エペ
剣の長さは最大110cmで、重さは770gをこえてはいけない。

●サーブル
剣の長さは最大105cmで、重さは500gをこえてはいけない。

Sailing
セーリング

みどころ！ 風をコントロールしながらヨットを進めるには、体力はもちろん、バランス感覚や自然への適応力などが求められます。広い海上でスリリングなレースがくり広げられます。

▲海上にうかぶ世界各国の代表チームのヨット（ロンドンパラリンピック）。

風をとらえることができるかが勝負の分かれ目

セーリングは、セール（帆）を張った専用のヨットを操船し、海上に設置されたコースをまわってタイムを競う競技です。2000年のシドニーパラリンピック（第11回夏季大会）から正式競技となりました。パラリンピックでは、1人乗りの「2.4mR」、2人乗りの「SKUD18」、3人乗りの「ソナー」という3つの種目がおこなわれています。

セールをいかにじょうずにコントロールし、風をとらえて最短距離を進むことができるかが、勝負の分かれ目になります。

セーリング

ルール&用具編

●パラリンピックに参加できる障がい

肢体不自由：車いす 　立位 　脳性まひ

視覚障がい 　知的障がい

基本のルール

障がいの程度によってポイントを与え公平なレースをおこなう

競技のルールは、基本的に健常者がおこなうセーリングと同じです。スタートの合図で同時にスタートしてゴールを目指し、先にゴールを通過した順に順位がつけられます。

障がいの程度に合わせたクラス分けなどはありませんが、すべてのチームが公平に競技を進めることができるよう、障がいの程度によって各選手にポイントが与えられ、チームのポイントの合計が一定の値をこえないように決められています。

●コースの例

ヨットがマーク1の方向に向かってスタートラインを横切ったときがスタートとなる。その後、マーク4p（またはマーク4s）→マーク1→マーク4s（またはマーク4p）→マーク1の順に進み、ヨットがゴールラインをこえた時点でゴールとなる。このコースはマーク1を3回通過するため「L3コース」と呼ばれる（ロンドンパラリンピックの場合）。

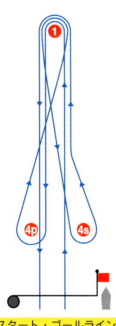

セーリングの用具

ヨットのかたちは3種類

ヨットのかたちは種目ごとにことなります。SKUD18で用いられる2人乗りのヨットは、パラリンピックに合わせて開発されたものを使います。いっぽう、2.4mR（1人乗り用）やソナー（3人乗り用）のヨットは健常者用のヨットに、障がいの部位や程度に合わせていすを取りつけたり、操縦するための装置を改造したりして使います。

2.4mR（1人乗り用）

SKUD18（2人乗り用）

ソナー（3人乗り用）

ヨットは風向きに合わせて、セール（帆）の出し入れの調整をして、コースをまわるよ。

パラリンピック選手ものがたり

車椅子バスケットボール
京谷和幸さん

元Jリーガーの京谷さん。車椅子バスケットボール・日本代表チームの中心選手として、パラリンピックに4大会連続出場を果たしました。

▲4大会連続出場となったロンドンパラリンピックの舞台にて。日本代表チームの柱として若い選手を支えた。

Jリーガーデビュー後に見舞われた大きな事故

1993年5月、日本初のプロサッカーリーグ「Jリーグ」が開幕しました。子どものころからプロサッカー選手を目指し、ジェフ市原（現在のジェフユナイテッド市原・千葉）というチームに所属していた22歳の京谷さんは、その年の10月にJリーガーデビューを果たしました。

しかしそれから2か月後のこと。車を運転中に、飛び出してきた車を避けようとして電柱に突っこむという、大きな事故にあってしまいます。それは婚約中の恋人と、結婚式の衣装合わせに出かける約束をしていた日でした。

京谷さんは小学校2年生のとき、地元の北海道室蘭市でサッカー少年団に入団しました。足が速く運動能力もバツグンで、すぐに才能を発揮しました。中学生のときには北海道選抜に選ばれ、高校はサッカーの名門として知られていた室蘭大谷高校（現在の北海道大谷室蘭高校）

▲ジェフ市原時代（写真右）。「ミッドフィルダー」というポジションで活躍した。

に進学し、1年生からレギュラーで活躍。高校2年生で日本ユース代表、高校3年生でバルセロナオリンピックの代表候補に選ばれました。

高校卒業後、日本サッカーリーグ（Jリーグの前身の組織）に参加していた古河電工に就職しました。そこでプロサッカー選手を目指して練習を重ね、また将来の妻となる女性、陽子さんに出会いました。未来に向かって夢をふくらませ、その一歩を踏み出したとき、事故は起こりました。

苦しいリハビリを乗りこえ 車椅子バスケットボールと出合う

京谷さんは、事故で背骨の一部がくだけて脊髄を損傷し、事故から2か月後に医師から車いすの生活になることを宣告されました。

ベッドで何時間も泣き、「これから一人でどうしよう……」と考えたとき、自分は一人ではないことに気づきました。事故から間もないころ、婚約者だった陽子さんと京谷さんは結婚していたのです。

「一日も早くリハビリをして、陽子と幸せな結婚生活を送ることが、今やるべきことだ」

京谷さんは持ち前の負けん気と努力でリハビリにはげみました。そしてひとつの出会いが……。陽子さんが社会復帰に向けて相談に行った市役所で対応をしてくれた職員が、「千葉ホークス」という車椅子バスケットボールチームの選手だったのです。2年かかると言われたリハビリを8か月でやりとげ、自宅にもどった京谷さんは、その彼に誘われて車椅子バスケットボールを見学に行きました。するとそこには驚きの世界が広がっていました。

「スピード、パワー、テクニック。すべてがぼくの想像をはるかにこえるものでした」

実は千葉ホークスは、車椅子バスケットボールの全国大会で何度も優勝しているチーム。トップチームのハイレベルな試合を目の当たりにしたのでした。その後、チームの試合に同行し、選手たちの明るさや行動力、そして何よりも試合で見せる真剣なアスリートとしての顔に心ゆさぶられ、車椅子バスケットボールに本格的にいどむ決意を固めました。

パラリンピックを目指す！ 大きな目標に向かって努力

「車椅子バスケットボールでパラリンピックを目指す！」

そう宣言したのは事故から約1年後。実はまだ自分専用の競技用車いすを注文したばかりで、チームの練習にもまったくついていけない状況でした。それでもサッカーで鍛えてきた力を信じ、あえて大きな目標を立てました。

車椅子バスケットボールでは、障がいの程度によって「持ち点」が与えられる制度があり（12ページ参照）、京谷さんの点数は、障がいの程度がもっとも重い1.0です。

「腹筋、背筋の機能がないため、座ったときのバランスが悪く、最初は車いすに安定して座ることさえも大変でした」

車いすに20キログラムのおもりをつけて坂道を走ったり、細かいフットワークを練習した

◆ロンドンパラリンピック・アジアオセアニア地区の予選大会。準決勝の韓国戦では、試合終了間近に1点を勝ちこし、ロンドンパラリンピック出場の切符を手にした。

りと、努力を重ねました。そしてついに、2000年のシドニーパラリンピック（第11回夏季大会）の日本代表選手に選ばれました。

「日本代表」という誇りを胸に チームの中心選手として活躍

はじめてのパラリンピック。シドニーの開会式で会場に響く「ジャパン！」というアナウンスとともに、日本代表選手団の一人として入場。そして翌日の開幕戦では、地元オーストラリアと対戦しました。

「たくさんの観客、地響きのような大歓声。かつてサッカー選手としてグラウンドに立ったときのことを思い出し、再び自分はこの舞台に立つことができたと、感動におそわれました」

しかし世界の強豪の壁は厚く、予選リーグは1勝4敗、決勝トーナメントに進めず9位に終わりました。

京谷さんはその時、日本代表チームにはまだ世界にいどむトップアスリートとして気持ちが足りない、と痛感しました。若いころ、サッカーの日本代表選手に選ばれ、日の丸を背負ってたたかった経験を、このチームに伝えたい。こうした思いでチームと真剣に向き合い、続くアテネパラリンピック（第12回夏季大会）、北京パラリンピック（第13回夏季大会）では中心選手として活躍し、決勝トーナメントに進出することができました。

これまでの経験を糧に 指導者の道を歩む

4大会連続出場となるロンドンパラリンピックでは、チーム最年長の41歳でした。

「若手も育ちつつあり、出場時間は限られていました。それでも自分には役割がある、と感じることができた大会でした」

車椅子バスケットボールの選手を引退した今、京谷さんは再び大きな夢に向かって歩みはじめています。そのひとつが、サッカーの世界にもどりユース世代の指導にたずさわることです。今は指導者としての経験を積んでいます。もうひとつはやはり車椅子バスケットボールの選手育成です。「自分を大きく成長させてくれた、車椅子バスケットボールに恩返しをしたい」と積極的に活動しています。

「夢を持つってすばらしい。楽しいことをイメージしてワクワクすれば、行動を起こしたくなる。目標に向かって行動して、変わっていく自分に気づくことが、成長につながります」

自分の夢を追い続けた京谷さんが、子どもたちに伝えたい思いです。

● プロフィール

京谷和幸
きょうや　かずゆき

1971年、北海道生まれ。小学生からサッカーをはじめ、22歳でJリーガーに。その後、自動車事故で脊髄を損傷。「千葉ホークス」に所属し、日本代表選手に選ばれ、パラリンピックに4大会連続出場する。

パラリンピック 選手ものがたり

水泳
木村敬一選手

小学校4年生で水泳をはじめた木村選手。パラリンピックに2大会出場し、ふたつのメダルを獲得しました。

▲「泳げるチャンスがあるんだからがんばろう」と、前向きな気持ちでいどんだバタフライ100メートルのレース。アジア新記録のタイムをたたき出し、銅メダルを獲得した（ロンドンパラリンピック）。

速さを水の中で感じる水泳が大好きに

木村選手は2歳のとき、先天的な（生まれつきの）病気で失明しました。そのため見えなくなってからの記憶しかありません。

おさないころから体を動かすことが大好きで、いつも元気に走りまわっていました。そんな木村選手のようすを見て、のびのびと運動ができるようにとお母さんがすすめてくれたのが水泳でした。10歳のときからスイミングスクールに通いはじめ、コーチから泳ぎ方を教わり、水泳の楽しさを知りました。

「水の中を進んでいく感覚がとても新鮮で、泳いでいると自分の速さを肌で感じることができました。それがとても気持ちよかった。学校でいろいろなスポーツも体験しましたが、いちばん好きなのが水泳でした」

小学校は地元の滋賀県にある盲学校に通っていましたが、児童数は多くありませんでした。もっとたくさんの人たちにふれあえるようにとのお父さんのすすめもあって、中学は東京にある筑波大学附属盲学校に進学。これが木村選手の将来を左右する、大きな転機となりました。

▲高校3年生で出場した北京パラリンピックにて、平泳ぎのレースにいどむ木村選手。

　というのもこの学校は、全国の盲学校の中でも特に水泳が盛んで、卒業生の中にはパラリンピックの出場選手もたくさんいたからです。木村選手もさっそく水泳部に入り、一生懸命に練習をしました。するとどんどん記録が良くなり、大きな自信になりました。

中学生で世界の舞台に　はじめて挑戦

　中学2年生のとき、ギリシャでアテネパラリンピック（第12回夏季大会）が開催されました。そのようすを知った木村選手は、とても驚きました。
「目が見えなくても、世界にはこんなに速く泳げる人がたくさんいるんだ！」
　世界を意識した瞬間でした。そして中学3年生のとき、はじめて世界の舞台に立ちました。アメリカのコロラド州でおこなわれた世界ユース選手権大会の選手に選ばれたのです。そして15歳以下の部で、50メートル自由形の金メダルをはじめ、3つのメダルを獲得しました。
　海外の舞台でレースを体験した木村選手は、高校生になると「パラリンピック」という大きな目標に向けて、いっそう練習にはげむようになりました。パラリンピック選手の指導をしていた寺西真人先生にコーチを受けてフォームを改善して、記録を伸ばし、高校3年生のときに、北京パラリンピック（第13回夏季大会）の出場権をつかみとりました。

北京パラリンピックに出場　自己ベストを次つぎに更新

　はじめてのパラリンピック。いよいよ自分のレースの番がやってきました。プールサイドに立つと大きな歓声が身を包み、木村選手は観客の多さに驚きました。
「これほどたくさんの声援に囲まれたのははじめてだったので、これがパラリンピックかと思い、緊張しました。でもこの雰囲気を楽しめて、のびのびと泳ぎきることができました」
　そして自己新記録を連発し、出場した5種目中、100メートル平泳ぎと100メートル自由形で5位、100メートルバタフライで6位入賞を果たしました。

今度こそメダルを　夢に向かって猛練習

　北京では実力を出しきった木村選手ですが、まだメダルには届いていません。帰国するとすぐに、4年後のロンドンパラリンピックが目標となりました。日本大学に進学し、新しい環境のもとで、さらにトレーニングを重ねました。
　大学でははじめて、健常者の人たちと一緒に練習をしました。水泳を通じて出会った仲間たちと共に泳ぎ、体を鍛え、はげまし合いながら、木村選手は4年間練習にはげみ、再びパラリンピックへの切符を手にすることができました。
　ところが今度こそメダルを、という思いが大きな重圧としてのしかかりました。
「代表に決まってから半年あまり、いつも試合のことが頭を離れず毎日がとても苦しくて、レースに負ける夢を何回も見ました」

緊張と落胆のすえにやっとつかんだ銀メダル

そしてついにロンドンパラリンピックがはじまりました。最初の種目は、もっとも得意とする50メートル自由形でした。ところがこれまでに経験したことのない緊張がおそい、体が思うように動かず、結果は5位。メダルを目指してがんばってきただけに、ショックは大きく、逃げ出したいほどでした。でも、ひどく落ちこんだことで、心の切りかえができました。

「パラリンピックはだれもが立てる舞台ではない。泳げるチャンスがあるんだから、やるしかない。負けてもいいから、とにかくがんばろう」

レースはまだ残っていました。そして次の100メートル平泳ぎでは、気持ちにずっと余裕が出て、泳ぎはじめると、いつもの自分らしい動きができていると感じることができました。懸命に力をふりしぼって泳ぎ、タッチ。顔を上げた瞬間、コーチから2位に入ったと教えられました。念願のメダルに手が届いたのです。

「やっとここまできた。続けてきてよかった」

表彰台に立ち、メダルをかけてもらったとき、心からそう思いました。この好調を維持して、100メートルバタフライでも、銅メダルを獲得することができました。

パラリンピックは可能性へのチャレンジ

今、木村選手は大学院で視覚障がい児教育の勉強を続けながら、企業のサポートを受け、次のリオパラリンピック（第15回夏季大会）を目指して、毎日練習にはげんでいます。視覚に障がいのある人は、自分やほかの人が泳ぐ姿を見ることができません。そのため、速く泳ぐためのフォームを、自分の感覚だけで理解し、身につけていかなければならないのです。

「視覚を補うために、コーチとことばを通して、おたがいの感じていることを共有することがとても重要なのです。水の感覚をことばにして伝え、コーチのことばを体で表現する。そして理想的なフォームを体に覚えこませるために、ひたすら泳ぐ。まだまだ練習が必要です」

木村選手はパラリンピックに出場することで、多くのことを学びました。その中で子どもたちに伝えたい思いがあります。

「ぜひパラリンピックを見て、障がいのある人でも、これだけのことができるということを知ってほしい。パラリンピックは、人間の可能性へのチャレンジ。その姿を見るだけでも、きっと心に響く何かがあるはずです」

▲ロンドンパラリンピックの表彰式。メダルをかけてもらったとき、「水泳を続けていてよかった」と思ったという。

●プロフィール

木村敬一
きむら　けいいち

1990年、滋賀県生まれ。先天性疾患で2歳のときに全盲となる。小学校4年生から水泳をはじめ、高校3年生で北京パラリンピックに初出場。2度目の出場となるロンドンパラリンピックで、100メートル平泳ぎで銀メダル、100メートルバタフライで銅メダルを獲得。

パラリンピックを支える人のものがたり

競技用車いすエンジニア
小澤 徹さん　結城智之さん
[株式会社オーエックスエンジニアリング]

競技用車いすをつくるエンジニアは、選手たちの細かな要望に応え、最高の力を発揮できる車いすづくりを目指します。

▼陸上競技用の車いすを担当している小澤さん（右）と、バスケットボール用、テニス用の車いすを担当している結城さん（左）。

車椅子バスケットボールを見て競技用車いすに興味を持つ

パラリンピックには、陸上、バスケットボール、テニス、ラグビーなど、車いすに乗っておこなわれる競技がいくつもあります。競技用の車いすは、そのスポーツに適したかたちをしたものが使われます。また選手ひとりひとりの体型や障がいの種類・程度に合わせ、一般的に選手からの注文を受けて、一台ずつ手づくりされています。

小澤徹さんと結城智之さんは、競技用車いすを専門につくっているエンジニアです。

小澤さんは、テレビで偶然、車椅子バスケットボールの試合を見て、競技用車いすの存在を知りました。

「もともと子どものころからものづくりが好きで、自転車を組み立てたりしていました。テレビを見て、こんな車いすづくりができたらおもしろいな、やってみたいと思ったのです」

小澤さんは車いすを製造する「オーエックスエンジニアリング」という会社に入社し、先輩から競技用の車いすづくりの指導を受けて技術を身につけました。現在は、主に陸上競技用の車いすの製作にたずさわっています。

結城さんも学生時代からバイクや自転車などの乗り物に興味があり、オーエックスエンジニアリングに入社しました。

「最初は日常用の車いすの修理などをおこなう仕事をしていましたが、選手といろいろ相談をしながら、特別な車いすをつくり上げる仕事を見て楽しそうだと思い、スポーツ部門に異動させてもらいました」

結城さんは現在、バスケットボール用とテニス用の車いすづくりを担当しています。

選手たちの要望に耳をかたむけ、求められるものをかたちにする

競技用の車いすづくりは、まず選手の要望を聞くところからはじまります。これまで使っていた車いすの、どのような部分を改善したいか、選手が競技をするうえで何を求めているのか、じっくりと話し合ったうえで、新しい車いすのイメージを固めます。

「同じ陸上競技用の車いすでも、もっと軽いものにしたい、カーブを曲がりやすい安定感のあるものが欲しいなど、選手によって要望がさまざまです。選手が求めるものをどうかたちにできるかが、我々エンジニアの仕事です」

小澤さんは選手と話し合いながら、設計図を描き、使う素材などを考えます。また選手の体にきちんと合うように、採寸をしてシートなどの大きさも決めていきます。

「選手によって障がいのある場所や、使える筋力に差があるため、そうした部分にも配慮して、今ある機能を最大限に引き出せるようにするの

▲オーエックスエンジニアリングでは、1年間に約130台の車いすをつくっている。ここで車いすをつくるために、わざわざ海外から来日する選手もいるという。

も、大切なポイントです」

最近は車いすに使う素材も進歩し、丈夫で軽い「カーボン」が多く使われるようになってきました。また時代とともに車いすのデザインや車輪のかたち、キャスターの位置や数も変化しています。エンジニアの人たちは、新たな情報を集め知識を増やし、より優れた車いすの製作に力を注ぎます。

目の前で活躍する選手たちの姿に感動

エンジニアの人たちは、車いすをつくるだけでなく、選手たちが出場するレースや試合にも足を運びます。自分がつくった車いすが、勝利を目指す選手たちの能力を十分に発揮できる役割を果たしているかを見極めるためです。また

大切な試合の前に、不具合がないか確かめ、調整することもあります。

小澤さんはこの仕事について5年ほど経ったとき、国際的な車いすマラソンの大会で、自分がつくった車いすに乗った選手が優勝するところを目の前で見ることができました。

「自分が勝ったのと同じくらいうれしく、この仕事をしていてよかったと心から思いました」

北京パラリンピック（第13回夏季大会）では、メカニックのスタッフとして大会に同行しました。そこで小澤さんがつくった車いすに乗ってレースに出場した伊藤智也選手が、トラック男子400メートルと800メートルで見事、金メダルをとりました。

「レース中も興奮しましたが、表彰式で日の丸があがって君が代を聞いたときは、やはりジーンときました。それだけでなく、選手全員が無事にレースを終えたときは、責任が果たせたとホッとしたことも、よく記憶しています」

小澤さんはその次のロンドンパラリンピック（第14回夏季大会）にも同行し、日本だけでなく海外の選手のメダル獲得にも貢献しました。

勝利を手にするために
細かい部分まで工夫をこらす

バスケットボール用、テニス用の車いすを担当している結城さんは、競技によってことなる特徴を踏まえながら、車いすづくりに奮闘しています。

「選手どうしの車いすが激しく接触するバスケットボールは、まず強さ、丈夫さが求められます。テニス用の車いすでは回転の速さやダッシュのしやすさが重視され、軽量なものが好まれます。また、同じ競技でも選手ひとりひとりのプレースタイルによって求められるものがちがうので、選手との会話がとても重要です」

テニスではコートの種類、バスケットボールでも体育館の床に合わせて、車輪やキャスターの素材を変えることもあります。さまざまな工夫も勝利に向けての戦略。選手と共に考えます。

車いすテニスのトッププレーヤー、国枝慎吾選手。パラリンピックでは、男子シングルスで北京、ロンドンで金メダル。ダブルスでもアテネで金、北京で銅メダルを獲得しています。彼の車いすを製作しているのが結城さんです。

「ロンドンパラリンピックは、日本でテレビを見ながら応援していました。国枝選手の努力を知っているから、彼が金メダルをかけた笑顔の姿を見て、本当にうれしく思いました」

迫力あるスポーツの世界
その感動にふれてほしい

2人は車いすづくりを通して、選手たちが真剣にスポーツにいどむ姿にふれてきました。だからこそ多くの人に知ってほしいことがあります。

「何よりもまず、もっと多くの人たちにたくさん競技を見てほしい。陸上競技でのトラックの競り合い、マラソンのスピード。それを体感すれば、きっと感動するはずです」

「私たちにできないことをやりとげる彼らの能力は本当にすごい。アスリートとしての彼らの努力は、私たちに力を与えてくれます」

選手たちのために、より優れた競技用車いすをつくることが2人の目標です。

● プロフィール

株式会社
オーエックスエンジニアリング

車いすの開発・製造・販売を行っている会社。1993年より競技用車いすの販売をはじめ、アトランタパラリンピックの陸上競技で金メダル2個を獲得、ロンドンパラリンピックでは合計14個、ソチパラリンピックでも2個のメダル獲得に貢献した。陸上競技、バスケットボール、テニスなど、国内外の選手たちに愛用されている。

> もっと知りたい！

持ち点やクラス分けはだれが決めているの？

　パラリンピックをはじめとする障がい者スポーツには、車椅子バスケットボールのポイント制度（12ページ参照）や水泳のクラス分け（20ページ参照）などのように、選手の競技条件を公平にするための制度が設けられているものがあります。

　パラリンピックに出場する選手たちは、国際パラリンピック委員会（IPC）や競技別の国際競技団体（IF）が認定する方法でクラス分けの審査を受ける必要があります。クラス分けのシステムは競技ごとにことなりますが、判定は「国際クラシファイヤー（IPCやIFに認定されたクラス分け判定者）」がおこなう決まりとなっています。

●車椅子バスケットボールの場合
国際車椅子バスケットボール連盟（IWBF）の規定にしたがって、障がいの程度が重い順から1.0～4.5の持ち点が与えられる。

●水泳の場合
国際パラリンピック委員会水泳部門（IPC-SW）の規定にしたがって判定される。種目（自由形、平泳ぎ、背泳ぎ、バタフライ）によって必要とされる運動機能がことなるため、種目ごとにクラスが細かく分類されている。

もっと教えて！クラス分けのこと

Q 選手のクラスを変更することはできるの？
A IPCやIFがクラス分けに関する規定を変更したときや、「現在のクラスでは程度が合わない」と判定されたときなどに、クラスが変更されることがあるよ。

Q パラリンピックとほかの競技大会のクラス分けは同じなの？
A パラリンピックとそのほかの大会とでは、クラス分けのシステムがことなる場合があるよ。IPCやIFで定められた方法による判定でなければ、パラリンピックに出場することはできないよ。

Q クラス分けのテストではどんなことをするの？
A 例えば、肢体不自由の水泳選手の場合は、障がいの程度を把握するための「ベンチテスト」、障がいが水中で与える影響を見きわめるための「ウォーターテスト」を総合して、クラスを判定するよ。テストの手順は、競技や障がいの種類によってことなるよ。

さくいん

『まるわかり！パラリンピック　スピード勝負！　夏の競技①』に出てくる、おもな用語をまとめました。見開きの左右両方に出てくる用語は、左のページ数のみ記載しています。

●大会名さくいん

あ

アーネムパラリンピック
（1980年／第6回夏季大会）………… 19
アテネパラリンピック
（2004年／第12回夏季大会）…… 15, 17, 38
アトランタパラリンピック
（1996年／第10回夏季大会）………… 22
ウィンブルドン……………………… 14

さ

シドニーパラリンピック
（2000年／第11回夏季大会）…… 31, 34, 38
全豪オープン………………………… 14
全仏オープン………………………… 14
全米オープン………………………… 14

た・な

東京パラリンピック（1964年／第2回夏季大会）
……………………………………… 10
トロントパラリンピック
（1976年／第5回夏季大会）………… 11
ニューヨーク・エイルズベリーパラリンピック
（1984年／第7回夏季大会）………… 11

は

バルセロナパラリンピック
（1992年／第9回夏季大会）………… 14
北京パラリンピック（2008年／第13回夏季大会）
………………… 11, 15, 26, 31, 38, 40, 44

ら

リオパラリンピック（2016年／第15回夏季大会）
……………………………………… 41
ローマパラリンピック
（1960年／第1回夏季大会）……… 18, 30
ロンドンパラリンピック
（2012年／第14回夏季大会）15, 19, 27, 38, 40, 44

●項目さくいん

あ

イリーガル・ユース・オブ・ハンズ…… 13
エペ（車いすフェンシング）………… 33
大竹麻里……………………………… 27
仮想延長線…………………………… 16

か

上地結衣……………………………… 15
木村敬一…………………………… 19, 39
競技用車いす…………………… 12, 17, 42
競技用車いすエンジニア…………… 42
京谷和幸……………………………… 36
クアード……………………………… 17
クアードシングルス（車いすテニス）… 17
クアードダブルス（車いすテニス）… 17
国枝慎吾……………………………… 15
クラス分け……………………… 18, 20, 45
車いすテニス…………………… 3, 14, 42
車椅子バスケットボール…… 2, 10, 36, 42, 45

車いすフェンシング	5, 30
剣	33
攻撃権	33
国際クラシファイヤー	45
国際パラリンピック委員会（IPC）	45
個人追いぬき（自転車）	24
個人メドレー（水泳）	19, 20
コックス	28
コックフォア（ローイング）	28

さ

サーブル（車いすフェンシング）	33
3輪自転車	25
自転車	4, 22
自由形（水泳）	19, 20
女子シングルス（車いすテニス）	17
女子ダブルス（車いすテニス）	17
シングルスカル（ローイング）	27, 28
水泳	3, 18, 45
SKUD18（セーリング）	34
スターティンググリップ	20
ストーカー	25
スプリント（自転車）	24
スリーポイント	13
スローイン	13
セーリング	5, 34
背泳ぎ（水泳）	19, 20
ソナー（セーリング）	34

た・な

タイムトライアル（自転車）	24
タッパー	21
タッピング	21
タッピングバー	21
タップ・オフ	13
ダブルスカル（ローイング）	27, 28
男子シングルス（車いすテニス）	17
男子ダブルス（車いすテニス）	17
タンデムバイク	25
チェアワーク	15
トラック（自転車）	22, 24
トラベリング	13
2.4mR（セーリング）	34

は

パイロット	25
バタフライ（水泳）	19, 20
バンク（自転車）	22, 24
ハンドバイク	25
バンパー	12
ピスト	30, 32
標準記録	19
平泳ぎ（水泳）	19, 20
プッシング	13
フリースロー	13
フルーレ（車いすフェンシング）	33
ポイント制度	12
ボート	29
ホールディング	13

ま・や

持ち点	12
ヨット	35

ら

陸上競技	42
ローイング	4, 26
ロード（自転車）	22, 24
ロードレース（自転車）	24

- ●監修
  ### 公益財団法人 日本障がい者スポーツ協会
  パラリンピック東京大会を契機に、国内の身体障がい者スポーツの普及、振興をはかる統括組織として「財団法人日本身体障害者スポーツ協会」の名称で、昭和40年に設立。平成11年、三障がいすべてのスポーツ振興を統括し、選手の育成、強化をになう統括組織として「財団法人日本障害者スポーツ協会」に組織名を改称するとともに、協会内部に日本パラリンピック委員会を創設。平成23年に内閣府認定のもと公益財団法人として設立登記。名称を「公益財団法人日本障がい者スポーツ協会」に改称する。

- ●装丁・デザイン　鷹觜麻衣子
- ●ＤＴＰ　スタジオ ポルト
- ●イラスト　坂川由美香　高山千草
- ●執筆協力　山内ススム　桑名妙子
- ●校正　小石史子
- ●編集制作　株式会社童夢

- ●写真提供・撮影
  有限会社エックスワン
  株式会社オーエックスエンジニアリング
  NPO法人　日本パラローイング協会
  ジェフユナイテッド株式会社

- ●取材協力
  京谷和幸
  株式会社 RIGHTS.

  木村敬一
  東京ガス株式会社

  株式会社オーエックスエンジニアリング

  日本パラリンピック委員会加盟競技団体

まるわかり！ パラリンピック ●全5巻●

パラリンピックってなんだろう？

スピード勝負！　夏の競技①
車椅子バスケットボール・水泳　ほか

チームでたたかう！　夏の競技②
サッカー・ゴールボール　ほか

限界をこえる！　夏の競技③
陸上競技・ボッチャ　ほか

雪・氷のうえで競う！　冬の競技
アルペンスキー・アイススレッジホッケー　ほか

全巻セット定価：本体14,000円（税別）
ISBN978-4-580-88479-3

まるわかり！ パラリンピック
スピード勝負！ 夏の競技①
―車椅子バスケットボール・水泳　ほか―

NDC780　48P　28.6×21.7cm

2014年11月25日　第1刷発行
2022年5月30日　第4刷発行

- ●監修　公益財団法人　日本障がい者スポーツ協会
- ●発行者　佐藤諭史
- ●発行所　文研出版
  〒113-0023　東京都文京区向丘2丁目3番10号　児童書お問い合わせ (03)3814-5187
  〒543-0052　大阪市天王寺区大道4丁目3番25号　代表 (06)6779-1531
  https://www.shinko-keirin.co.jp/
- ●印刷・製本　株式会社太洋社

© 2014 BUNKEN SHUPPAN Printed in Japan　ISBN978-4-580-82250-4 C8375
本書のコピー、スキャン、デジタル化等の無断複製は著作権法上での例外を除き禁じられています。本書を代行業者等の第三者に依頼してスキャンやデジタル化することは、たとえ個人や家庭内の利用であっても著作権法上認められておりません。
乱丁・落丁本はお取り替えいたします。